GUÍA DE LECTURA

Escrita por Agnès Fleury
Traducida por Laura Soler Pinson

Drácula

de Bram Stocker

ResumenExpress.com
GUÍA DE LECTURA
Cincuenta
sombras
de Grey
por E.L. James

BRAM STOKER

- **Nacido en 1847 en Dublín (Irlanda)**
- **Fallecido en 1912 en Londres (Inglaterra)**
- **Algunas de sus obras:**
  - *El paso de la serpiente* (1890), novela
  - *Drácula* (1897), novela
  - *La dama del sudario* (1909), novela

Abraham Stoker, más conocido como Bram Stoker, es un novelista nacido en Dublín en 1847. Niño frágil, pero estudiante brillante, este apasionado por la literatura y al teatro se convierte en articulista para el *Dublin Evening Mail* y frecuenta el ambiente artístico dublinés. En ese contexto conoce a Walt Whitman, a Oscar Wilde y, sobre todo, al actor Henry Irving. La profunda amistad que entablan es también una colaboración artística duradera: Bram Stoker es nombrado gerente del Lyceum Theatre de Londres, en el que Irving es director. Ocupará ese puesto durante veintisiete años. A pesar de su intensa actividad teatral, Bram Stoker se dedica también a escribir. En 1882 publica una recopilación de relatos fantásticos, *El país del ocaso*, y en 1890 sale a la luz su segunda novela, *El paso de la serpiente*. En 1897 se publica *Drácula*. El interés que suscita esta novela eclipsará al resto de la obra del autor, principalmente, novelas de terror y de misterio (*La dama del sudario*, 1909, o *El refugio del gusano blanco*, 1911). Bram Stoker muere en Londres el 20 de abril de 1912.

DRÁCULA

UNA CURIOSIDAD LITERARIA

- **Género:** novela fantástica
- **Edición de referencia:** Bram Stoker. 2012. *Drácula*. Traducido por Roberto Díaz. Buenos Aires: Eudeba
- **Primera edición:** 1897
- **Temáticas:** vampiro, fantasía, miedo, superstición, locura, ciencia, escritura

Publicada en 1897, *Drácula* fue catalogada por Oscar Wilde como «la novela más bonita del siglo». Sin embargo, durante mucho tiempo, este libro fue considerado una curiosidad literaria. De los 3000 ejemplares de la primera tirada, solo se vendieron 2700, mientras que Dickens vendía de media más de un millón y medio de ejemplares de cada uno de sus libros en la misma época. Además, la primera traducción al español no llegó hasta 1925. En realidad, la novela salta a la escena internacional y conoce el éxito gracias a las adaptaciones teatrales y cinematográficas, y en especial, a la película imprescindible de Tod Browning, estrenada en 1931. A pesar de que el personaje de Drácula se explota cada vez más, por ahora no aparece ninguna referencia a Bram Stoker en las antologías de literatura inglesa.

Esta novela tiene otra particularidad: fue escrita desde el principio hasta el final a máquina. Así, Bram Stoker comparte con Nietzsche la fama de ser el primer escritor dactilógrafo. Este detalle es significativo, puesto que sabemos la importancia que tiene la dactilografía para los personajes de *Drácula*.

RESUMEN

EN TRANSILVANIA, EN EL CASTILLO DEL CONDE DRÁCULA

A finales del siglo XIX, un joven pasante de notario inglés, Jonathan Harker, visita Rumanía invitado por el conde Drácula para ultimar la compra que este último va a efectuar de una propiedad cerca de Londres. El hombre aprovecha el viaje para anotar en su diario toda la belleza y la singularidad de una Europa más oriental y más tradicional que la que conoce. Cuando llega a Bistritz, su última escala, Harker empieza a sentirse incómodo por las supersticiones de las que es objeto. Se da cuenta de que la población local teme al castillo al que se dirige y a su propietario. Tras un viaje escalofriante en diligencia y, después, en calesa, escoltado por un misterioso cochero y por una manada de lobos, el joven notario llega al castillo, donde es recibido por el conde, un anciano distinguido con una apariencia extraña e imponente.

Drácula le acoge, le enseña sus aposentos y le recomienda que no abra las puertas cerradas. La presencia del conde junto a su huésped es esporádica (desaparece durante el día), así que Harker tiene mucho tiempo libre para pasearse por el castillo. En uno de sus paseos, se encuentra con tres mujeres magníficas que intentan besarle. Cuando una de ellas se acerca con sus largos colmillos al cuello del joven, aparece Drácula y las aparta violentamente. Para distraerlas, les tira una bolsa en la que se mueve algo que parece ser un niño. Esto termina de asustar a Jonathan, que ya estaba atemorizado después de haber visto al conde salir por la noche trepando por los muros. Además, Drácula se muestra cada vez más amenazante, y Harker comprende que está retenido como prisionero por un ser sobrenatural ávido de sangre humana. Cuando intenta escapar, el notario se encuentra una vieja capilla, en la que ve al conde dormido con los ojos abiertos en una de las cajas llenas de tierra que se almacenan allí. Poco después, Drácula le anuncia que ha terminado los preparativos y que, por lo tanto, se marcha a Inglaterra. Deja al joven a merced de los habitantes del castillo.

EN INGLATERRA

Mientras tanto, en Inglaterra, dos mujeres jóvenes, Mina Murray y Lucy Westenra, mantienen una correspondencia en la que se cuentan su vida sentimental. Mina está a punto de casarse con Jonathan Harker, mientras que Lucy debe dar una respuesta a sus pretendientes: John Seward, un médico talentoso, Quincey Morris, un tejano impetuoso, y Arthur Holmwood, el hijo de un lord. Escoge a este último y los tres hombres deciden seguir siendo amigos. John Seward, director de un manicomio, decide ahogar sus penas amorosas en el trabajo, y se interesa por el caso de Renfield, un maníaco que se alimenta de seres vivos: moscas, arañas, gorriones, etc.

Mina, cada vez más intranquila al no recibir noticias de Jonathan, se va con Lucy y con su madre a Whitby, una ciudad costera al noreste de Inglaterra. El nerviosismo de la joven se intensifica cuando se enfrenta a las crisis de sonambulismo de su amiga. Además, se anuncia una tormenta.

LA LLEGADA DE DRÁCULA A INGLATERRA

En el transcurso de la tormenta, encalla en la costa de Whitby una embarcación extraña: solo lleva un cargamento de cajas llenas de tierra. Toda la tripulación ha desaparecido, excepto el capitán, al que encuentran muerto, atado al timón y sosteniendo un crucifijo. En el diario de a bordo se narran las dramáticas circunstancias del naufragio: todos los marineros han desaparecido uno detrás de otro en una atmósfera de terror, alimentada por las sospechas de una presencian maléfica a bordo.

Tras este acontecimiento, las crisis de sonambulismo de Lucy se vuelven más frecuentes e inquietantes. Dejan a la joven débil y atemorizada, sin contar las dos pequeñas heridas que han aparecido en su cuello. Mina vigila a su amiga por la noche y la sorprende en extraña compañía: un murciélago, una criatura oscura de ojos brillantes, un gran pájaro, etc.

Cuando se anuncia que las cajas de tierra han sido enviadas cerca de Londres, la salud de Lucy parece mejorar. Por su parte, Renfield revela que «el Amo está cerca» (Stoker 2012, 125).

Mina recibe por fin noticias de Jonathan, que se encuentra en un hospital de Budapest, donde se está recuperando de una fuerte fiebre cerebral. La joven parte para encontrarse con su prometido en Rumanía. Él le suplica, atemorizado y amnésico, que conserve su diario y su terrible contenido. Como ni él mismo quiere volver a leerlo, Mina lo sella. Se casan.

LA MUERTE DE LUCY

Cuando Lucy vuelve a Londres, su salud vuelve a deteriorarse. El doctor Seward, inquieto e impotente, llama a su viejo amigo, el célebre profesor Van Helsing. Constata que la joven está anémica, aletargada y que le cuesta respirar, e intenta curarla con varias transfusiones de sangre. Algunos indicios, como las marcas ensangrentadas del cuello, llevan al profesor a recomendar que se la vigile mientras duerme. Además, decora la habitación donde duerme la paciente con flores de ajo. Pero una noche, a pesar de todos los esfuerzos, se produce un drama. Por la mañana, Seward y Van Helsing descubren a la madre de Lucy muerta de espanto y a Lucy, a las puertas de la muerte tras la irrupción de un lobo. Cuando intentan reanimarla, los dos hombres se dan cuenta que se ha producido un cambio en la joven: sus colmillos son cada vez más largos y afilados. Al final, muere. Tres días después de su entierro, los periódicos relatan secuestros de niños y rumores que hablan de una misteriosa «señora ensangrentada» (Stoker 2012, 208).

LA CAZA DE LOS VAMPIROS

Mina ve que su marido está traumatizado por su encuentro en Londres con alguien que se parece mucho a Drácula, así que decide romper los sellos del diario de Jonathan. Lo transcribe y hace que Van Helsing lo lea. Este último, al ver sus sospechas confirmadas, se dedica a convencer a sus nuevos amigos de que hay que impedir que Lucy cometa esos crímenes. Van al cementerio y al constatar que Lucy se ha convertido en una no-muerta que secuestra a niños para beberse su sangre, la matan.

Ayudados por los Harker, que están convencidos de que Drácula está viviendo en Londres, Van Helsing y sus tres amigos empiezan a perseguir al conde para destruirlo, puesto que ya saben que es un vampiro. Para ello, deben localizar las cajas y neutralizarlas colocando hostias. Así, Drácula no tendrá refugio.

Durante la persecución, se mantiene a Mina fuera de las peripecias de los cinco hombres y sufre el ataque de Drácula por culpa de Renfield, que lo deja entrar en el manicomio donde los protagonistas están reunidos. En una noche aciaga, Renfield muere y los cinco hombres descubren que Drácula ha obligado a Mina a beber su sangre. El conde ha huido, pues intenta volver a su castillo en Rumanía, y Mina se convierte en impura, marcada en la frente con la quemadura de una hostia. Si el vampiro no es destruido, Mina se convertirá también en una no-muerta. La persecución les lleva, por lo tanto, hasta Rumanía.

EL FINAL DE DRÁCULA

Gracias a Mina, que desde su transformación puede penetrar en el espíritu de Drácula cuando está hipnotizada, sus perseguidores descubren que el conde ha huido por mar. Así, deciden recortar distancias por vía terrestre. Pero Drácula, que poco a poco se cierra al espíritu de Mina, desbarata sus planes y logra llegar a su castillo gracias a sus cómplices, los gitanos. Tras una última batalla en la que Quincey Morris muere, Jonathan Harker reduce a cenizas a Drácula.

Siete años después, Jonathan y Mina, liberada de su maldición, tienen un hijo al que llaman Quincey. Lord Godalming y el doctor Seward también viven felices y casados.

ESTUDIO DE LOS PERSONAJES

EL CONDE DRÁCULA

El personaje del conde Drácula en la novela epónima debe diferenciarse del mito del vampiro Drácula en el que derivará después. Este personaje tiene varias particularidades:

- no se expresa. Drácula es el único personaje de la novela que no escribe un diario ni tampoco mantiene una correspondencia. Así, dado que la novela no es más que una recopilación de escritos de todo tipo, solo conocemos sus movimientos y su historia a través de los relatos de los otros personajes. En cuanto a sus reflexiones, no son más que suposiciones de sus perseguidores;
- su físico merece ser descrito con detalle. La rica iconografía que le ha rodeado ha terminado por eclipsar la representación del conde tal y como nos la ofreció Bram Stoker. Por otra parte, debemos señalar que su apariencia evoluciona a lo largo de la novela: se le describe como «un hombre alto y anciano, afeitado con pulcritud, excepto por un bigote blanco y largo, vestido todo de negro» (Stoker 2012, 113) en la primera parte, pero al final de la novela, sufre una metamorfosis y se convierte en «un hombre alto y delgado, pálido, con una nariz larga, dientes muy blancos y ojos que parecen arder» (Stoker 2012, 362);
- es un ser extremadamente inteligente que, cuando estaba vivo, era un sabio notable. Incluso tras su muerte perduran las huellas de su inteligencia y se instruye con frecuencia, a pesar de que su estado de vampiro implica

cierta inmadurez;

* es un aristócrata, un aventurero y un jefe de guerra. Ha conservado su espíritu de conquistador tras su muerte, y por eso se arriesga a abandonar su refugio rumano para ir a Londres, donde su territorio de caza sería mayor y donde podría convertirse en jefe de filas de una nueva raza de muertos vivientes.

EL PROFESOR ABRAHAM VAN HELSING

Este viejo erudito holandés es el homólogo bueno de Drácula. Mientras que este pone toda su inteligencia y todo su poder al servicio del mal, Van Helsing utiliza las mismas armas para salvar a la humanidad del peligro de los vampiros. Es el que sabe, el que logra establecer el vínculo entre las distintas historias que convergen en Drácula, y es el que revela a los demás protagonistas cómo deben protegerse de la amenaza que representan los vampiros. Van Helsing es igualmente un buen ejemplo del espíritu científico: consulta obras y especialistas sin cesar, coteja las fuentes e incluso lleva a cabo experimentos para encontrar una solución. De hecho, la larga enfermedad de Lucy es una especie de experimento a tamaño real sobre los poderes y el *modus operandi* del vampiro. Hay, sin duda, un pasaje sorprendente sobre este personaje que se muestra bastante imperturbable: la crisis de nervios que sufre.

LOS HARKER: JONATHAN Y MINA

Primero están comprometidos, y luego terminan casándose. Jonathan y Mina representan las dos caras de un mismo tipo de personaje: encarnan a la razón, el rigor y la moral. En este sentido, son los aliados privilegiados de Van Helsing en su lucha contra Drácula y, sobre todo, son los principales guionistas de los documentos que conforman la novela, lo que les convierte en testigos y narradores principales. Los demás personajes alaban constantemente su valentía, su inteligencia y su ánimo resuelto. Con frecuencia, se compara a Mina con un hombre: «Tiene la mente de un hombre inteligente y corazón de mujer» (Stoker 2012, 270).

LAS PROMETIDAS DE DRÁCULA: EL TRÍO DE VAMPIRESAS Y LUCY

Lucy y el trío de vampiresas (cuyas identidades desconocemos) son las víctimas de Drácula, que les ha chupado la sangre, pero son también sus prometidas. Gracias al intercambio de sangre, él les ha concedido el estado de no-muertas. Tienen en común el hecho de haber sido jóvenes y bellas, y de haber estado repletas de ideas románticas cuando estaban vivas. Su transformación en vampiresas las convierte en criaturas sensuales y lascivas.

LOS PRETENDIENTES DE LUCY: EL DOCTOR SEWARD, LORD GODALMING Y QUINCEY MORRIS

Estos tres amigos, que comparten el sentido del honor y el amor que albergan por Lucy, aúnan el saber (un doctor), el dinero (un lord) y el espíritu aventurero (un texano). Se convertirán así en el brazo armado de Van Helsing cuando inicie la persecución del vampiro.

EL LOCO: RENFIELD

Renfield es un maníaco zoófago internado en el manicomio dirigido por el doctor Seward. Debemos señalar que este personaje será el primero en descubrir la verdad: servil e interesado, predice la llegada del conde Drácula y el caos que representa. Bram Stoker lo convierte así en un profeta malvado.

CLAVES DE LECTURA

EL MITO DEL VAMPIRO

Según Malraux (escritor y político francés, 1901-1976), Drácula se une a Don Juan y a Fausto como los «los únicos mitos creados por los tiempos modernos». Bram Stoker se documenta ampliamente para inventar su personaje, y consulta leyendas celtas y fuentes históricas. Así, el nombre del conde se inspira en el de Vlad el Empalador (1431-1476), un vaivoda (jefe militar) de Valaquia, apodado Drácula («dragón» en rumano), conocido por su crueldad en las batallas. Sin embargo, en la novela, el conde es descrito como un príncipe del linaje de los szeklers de Transilvania.

La figura del vampiro se pone de moda en el siglo XIX (*El vampiro* de Polidori en 1819, o *Carmilla* de Le Fanu en 1871), pero es la novela *Drácula*, de Bram Stoker, la que sienta las bases de la literatura fantástica dedicada a los vampiros, y la que se sitúa en los orígenes de la imagen que tenemos de ellos. Así, el autor establece el catálogo (capítulo 18) de las características y de los poderes de los vampiros, y esto los catapulta para siempre a los anales de la demonología moderna:

- no se reflejan en el espejo;
- son incapaces de atravesar el agua en movimiento;
- sus poderes disminuyen durante el día;
- se les destruye gracias a una estaca clavada en el corazón y a la decapitación;
- tienen miedo al ajo, a los crucifijos y a las hostias;

- se refugian en los ataúdes;
- tienen una fuerza y una rapidez prodigiosas;
- tienen colmillos afilados que permiten chupar la sangre de las víctimas;
- son capaces de transformar su apariencia, etc.

El vampiro es un no-muerto (calificativo empleado con más frecuencia en la novela que el de vampiro) con un espíritu inmaduro, y no se le puede considerar un hombre propiamente dicho; está cerca de la especie animal. De hecho, manda sobre algunos animales (en especial, sobre los lobos) y se transforma en cualquier forma animal que le parezca adecuada (murciélago, pájaro nocturno, perro o lobo). En líneas generales, el campo léxico animal en la obra es clave.

La particularidad de los vampiros de Stoker es que no son puros monstruos, sino que se nos presentan como réprobos y proscritos que merecen compasión, a los que la destrucción les aporta el alivio del alma: «Me alegrará mientras viva que, en el preciso momento de su disolución, hubiese en el rostro del conde una expresión tal de serenidad como nunca pensé ver en aquel ser» (Stoker 2012, 431).

CIENCIA Y SUPERSTICIÓN

Drácula es una novela totalmente moderna en tanto en cuanto le da protagonismo a todos los grandes inventos del mundo moderno: el ferrocarril, la estenografía, el fonograma, la transfusión sanguínea, los trabajos del doctor Charcot (neurólogo francés, 1825-1893) sobre la hipnosis, etc. Los enemigos de Drácula, con dos médicos a la cabeza, uno de ellos especializado en psiquiatría, emplean toda esta ciencia y sus recursos.

Sin embargo, a través de la figura del vampiro Drácula, también están muy presentes las creencias y las tradiciones de tiempos pasados. Así, la llegada del joven Harker a Transilvania, descrito como un lugar anclado en el pasado, da lugar a una avalancha de marcas supersticiosas por parte de los autóctonos y desencadena en él signos premonitorios.

Por lo tanto, la novela *Drácula* es un punto de encuentro entre dos mundos (uno desaparecerá en favor del otro), dos épocas, dos culturas:

- el Oriente tradicional y el Occidente moderno;
- las supersticiones y las leyendas fantásticas, y el progreso científico y técnico;
- un personaje aristócrata (Drácula) y sus enemigos de la clase media (los Harker, Van Helsing).

Vemos este choque especialmente a través de dos metáforas, una estilística («cloral, el Morfeo actual», Stoker 2012, 127) y otra narrativa (Drácula rejuvenece cuando se va de su viejo Oriente y llega a Occidente, Stoker 2012, 220). Sin embargo, la paradoja de la obra es que el nuevo siglo admite el poder del pasado. Así, a pesar de que Van Helsing se encuentra en la cúspide de la ciencia, acepta rápidamente la posibilidad de la existencia de un vampiro («No tema pensar hasta lo menos probable», Stoker 2012, 156), y lucha contra él tanto con saberes ancestrales como con su saber científico moderno.

EROS Y TÁNATOS: EROTISMO, MUERTE Y PSICOANÁLISIS EN DRÁCULA

Siguiendo la tradición del Eros y Tánatos freudiano (Freud es el padre del psicoanálisis, 1856-1939), *Drácula* establece un vínculo muy estrecho entre muerte y sexo. Esta relación se concreta con el interés que el autor muestra por el cuerpo. Así, el campo léxico anatómico está muy presente y puede leerse en multitud de ocasiones con un doble sentido: «Los bordes [de las heridas] estaban blancos, como si hubiesen sido golpeados» (Stoker 2012, 151). En relación a las características físicas de los vampiros, a menudo son sugerentes, en especial sus labios rojos chorreantes de sangre. La sangre —de la que tanto se habla en *Drácula*— se convierte tanto en el símbolo de la vida (cuando circula en las transfusiones) como en el de la muerte (cuando se derrama o se aspira). También es el símbolo de la sexualidad, y se transforma en una metáfora de las secreciones genitales cuando pasa de un ser a otro.

En la novela, son las mujeres las que llevan la carga erótica. Hay tres escenas particularmente reveladoras:

- el trío de vampiresas y su beso de la muerte («Hay besos para todas», Stoker 2012, 51);
- Lucy, que recibe mediante transfusión la sangre de cuatro hombres («Entonces, resulta que esa joven es polígama», Stoker 2012, 207) y que, después de su transformación, se convierte en una representación de la lujuria («Lucy, con gesto lánguido y voluptuoso [...]», Stoker 2012, 245);
- el intercambio de sangre entre Mina y Drácula, lo que la

convierte en su amante («mi compañera y mi ayuda», Stoker 2012, 329).

En cualquier caso, estas mujeres que han padecido el intercambio de sangre están malditas y están marcadas con el sello de la lujuria. Para Mina, esto se convierte incluso en algo concreto con la marca de la quemadura que le queda en la frente después de que Van Helsing le coloque una hostia. Para acabar, podemos destacar que ninguna de estas mujeres es madre, salvo Mina, que lo será una vez que se libre de la influencia de Drácula. Por lo tanto, la paradoja de *Drácula* es la de preconizar una moral biempensante en la que la mujer y su sexualidad representan el mal, pero con tal cantidad de detalles que podría decirse que esta novela es una crítica de la sociedad victoriana puritana.

ESCRITOS Y ESCRITURA

Lo escrito reviste de una importancia considerable en *Drácula* por varias razones:

- por una parte, Bram Stoker construye su novela a partir de diversas fuentes escritas;
- por otra parte, *Drácula* se sitúa bastante cerca de la novela epistolar, género literario en el que el relato se compone de correspondencia, ficticia o no, entre uno o varios personajes;
- sin embargo, el autor va bastante más allá añadiendo a los intercambios de cartas todo tipo de fuentes escritas: diarios íntimos, recortes de periódicos, cartas notariales, telegramas.

Esta maraña de fuentes crea la riqueza estilística de la obra, puesto que el autor intenta dar a cada personaje un estilo de escritura propio (desgraciadamente, la traducción no le hace justicia). La diversidad de las fuentes (algunas son públicas, como por ejemplo, los recortes de periódico o las cartas notariales) también tiende a convencer al lector de la autenticidad de los hechos, puesto que le presenta diferentes voces que, juntas, establecen la existencia de un ser fantástico. No obstante, Bram Stoker, con un giro literario que demuestra su omnipotencia, finaliza su novela recordándonos que todo es ficción: «Nos asombró que, de entre los enormes materiales que componen el diario, no exista un solo documento que sea auténtico; es únicamente un manojo de papeles mecanografiados [...]. No le podemos solicitar a nadie, aunque lo deseáramos, que acepte estos escritos como prueba de una historia tan disparatada» (Stoker 2012, 432).

Además, la escritura otorga fuerza a los enemigos de Drácula. Escribir para relatar los hechos fantásticos a los que se enfrentan permite a los personajes que luchan contra el vampiro conjurarse contra el miedo y ofrecer un testimonio: «Lo escribo para que lo lean [...] aunque muera después» (Stoker 2012, 171). Escribir también les permite hacer una recopilación de todo lo que saben, organizar sus ideas y sus estrategias de combate. La razón y la fuerza están en el bando de los que saben escribir (incluso de los que dominan la estenografía, como los Harker). En el lado opuesto, Drácula es el único que no se expresa en la novela, puesto que no deja ningún escrito. Es un ser y un personaje que pertenece al antiguo mundo, donde prevalecen las supersticiones.

La prueba de la fuerza de todos estos escritos es que se sellan, se esconden y, al final, Drácula intenta destruirlos porque les tiene miedo: «Los manuscritos estaban quemados [...] también arrojó al fuego los cilindros del fonógrafo» (Stoker 2012, 326).

PISTAS PARA LA REFLEXIÓN

ALGUNAS PREGUNTAS PARA PROFUNDIZAR EN SU REFLEXIÓN...

- Bram Stoker pone en boca de varios de sus personajes la siguiente afirmación: «La sangre es vida» (idea sacada del *Levítico* 17:11). Comente y analice esta frase.
- ¿Cuál es el procedimiento narrativo que usa el autor para darle la palabra a Drácula (o para tener acceso a sus reflexiones)?
- Estudie el tema de la locura en *Drácula*, en particular a través del personaje de Renfield.
- ¿Qué sabemos del pasado del conde Drácula? ¿En qué medida explicaría esto su proyecto de irse de Rumanía a vivir a Londres, para regresar más tarde a su tierra natal durante su huída?
- No se nos detallan las circunstancias de la huida de Jonathan Harker del castillo de Drácula. ¿Qué podemos pensar de esta elipsis?
- El diario de Jonathan Harker recoge las siguientes palabras de Drácula: «Pero un extranjero en tierra extraña, no es nadie» (Stoker 2012, 31). Basándose en esta frase, explique cómo *Drácula* puede percibirse también como una alegoría del miedo al extranjero.
- Señale y estudie los estados transitorios que afectan a algunos personajes: sonambulismo, hipnotismo, etc. ¿Cómo crean estos estados un vínculo entre estos personajes y Drácula?
- Señale y analice las transformaciones de Drácula.
- La iconografía ligada al vampiro Drácula es muy rica.

Estudie la apariencia del personaje a través de la representación popular que se ha hecho (sobre todo, gracias a las referencias cinematográficas) y compárela con las descripciones presentes en la novela.

* «¿No piensa que hay cosas que no comprende, pero existen [...]? Es culpa de la ciencia que quiere explicar todo. [...] Cuando la ciencia no se explica, dice que no hay nada que explicar» (Stoker 2012, 223). Partiendo de esta frase de Van Helsing, explique cómo ciencia y creencias pueden coexistir en la novela.

¡Su opinión nos interesa!
¡Deje un comentario en la página web de su librería en línea,
y comparta sus favoritos en las redes sociales!

PARA IR MÁS ALLÁ

EDICIÓN DE REFERENCIA

- Bram Stoker. 2012. *Drácula*. Traducido por Roberto Díaz. Buenos Aires: Eudeba.